Les chauves-souris

Texte d'Adrienne Mason

Illustrations de Nancy Gray Ogle

Texte français de Martine Faubert

J'EXPLORE

LA FAUNE

Les éditions Scholastic

Pour Ailsa — A.M.

Pour mon frère, David — N.G.O.

Je tiens à remercier Jenna Dunlop pour ses savants conseils
lors de l'élaboration de mon texte. Et, comme toujours, ce fut un plaisir
de travailler avec l'équipe de Kids Can Press et, tout particulièrement,
avec mon éditrice, Stacey Roderick.

Catalogage avant publication de la Bibliothèque nationale du Canada

Mason, Adrienne
Les chauves-souris / Adrienne Mason ;
illustrations de Nancy Gray Ogle ;
texte français de Martine Faubert.

(J'explore la faune)
Traduction de: Bats.
ISBN 0-439-97513-1

1. Chauves-souris–Ouvrages pour la jeunesse. I. Ogle, Nancy Gray
II. Faubert, Martine III. Titre. IV. Collection.

QL737.C5M3814 2003   j599.4   C2003-901571-8

Conception graphique de Marie Bartholomew.

Édition publiée par Les éditions Scholastic, 175 Hillmount Road, Markham (Ontario) L6C 1Z7,
avec la permission de Kids Can Press Ltd.

5 4 3 2 1 Imprimé à Hong-Kong, Chine 03 04 05 06

Sommaire

La chauve-souris

La chauve-souris sait voler, mais ce n'est pas un oiseau.
C'est un petit animal à fourrure qui vit la nuit.

La chauve-souris est un mammifère. Les mammifères sont
des animaux à sang chaud. Ils donnent naissance à des
petits vivants et déjà formés, qui se nourrissent du lait
maternel.

La chauve-souris est le seul mammifère
qui a des ailes et qui peut voler.
D'autres espèces de mammifères savent
planer, mais ne peuvent pas voler.

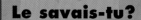

Le savais-tu?

La chauve-souris n'est pas aveugle. On le dit, mais c'est faux.

Grande chauve-souris brune

La chauve-souris est un animal très commun. Les chauves-souris forment le quart de toutes les espèces de mammifères.

Les deux types de chauves-souris

Il y a deux types de chauves-souris : les mégachiroptères et les microchiroptères. Les mégachiroptères sont de grandes chauves-souris mangeuses de fruits et d'autres végétaux. Les microchiroptères sont de petites chauves-souris, généralement mangeuses d'insectes. Elles sont les plus communes sur la planète.

Les microchiroptères sont à peu près de la taille d'une souris, sauf la minuscule pipistrelle, qui pèse moins qu'une pièce de un cent! Les mégachiroptères sont beaucoup plus grands. La roussette géante, par exemple, a une envergure de 2 mètres.

Pipistrelle

Il y a plus de 950 espèces de chauves-souris dans le monde.

Roussette

L'habitat

Les chauves-souris vivent dans les forêts, les déserts, les champs et même dans les villes. On les rencontre partout dans le monde, sauf dans l'Antarctique et en haute montagne.

Les mégachiroptères vivent dans les régions chaudes des tropiques. On ne les rencontre pas en Amérique du Nord.

Chauve-souris à épaulettes

La petite chauve-souris brune dans le monde

Amérique du Nord

▬ Petite chauve-souris brune

On rencontre les microchiroptères partout dans le monde. En Amérique du Nord, on en compte environ 45 espèces. La petite chauve-souris brune est l'une des plus communes.

Petite chauve-souris brune

Les perchoirs

La plupart des chauves-souris dorment le jour et chassent la nuit. Quand elles ne sont pas occupées à voler ou à chasser, elles se reposent dans un endroit appelé perchoir. Certaines se reposent seules, mais d'autres préfèrent se rassembler en un vaste groupe, appelé colonie, pouvant compter des milliers d'individus.

Les chauves-souris perchent dans des endroits où elles peuvent se cacher, à l'abri des intempéries et du danger, comme dans un arbre creux, une grotte, un grenier ou entre les parois d'un mur.

Les chauves-souris s'accrochent à leur perchoir la tête en bas. Ainsi, elles peuvent s'envoler en quelques secondes, en cas de danger. Elles ont des vaisseaux spéciaux dans lesquels le sang continue de circuler, même quand elles sont perchées la tête en bas.

Vespertilions couleur de paille

Les chauves-souris s'enroulent dans leurs ailes pour se protéger de la pluie ou du froid.

Les petites espèces de chauves-souris peuvent percher sous une feuille ou un morceau d'écorce.

La vie en hiver

Certaines espèces de chauves-souris s'envolent vers le sud au retour du temps froid. On dit qu'elles migrent. Elles s'en vont vers les pays chauds afin de trouver de la nourriture. Elles empruntent souvent le même chemin d'année en année. Au printemps, elles reviennent vers le nord.

D'autres espèces ne migrent pas. Elles préfèrent hiberner, c'est-à-dire s'endormir profondément jusqu'au printemps. La température de leur corps baisse et le rythme de leur cœur et de leur respiration ralentit. Elles peuvent ainsi ménager leur énergie et survivre à l'hiver.

Les chauves-souris hibernent parce que, en hiver, il y a trop peu d'insectes et de plantes pour les nourrir. Quand elles sont en hibernation, elles ne mangent rien du tout et ne boivent pas, non plus.

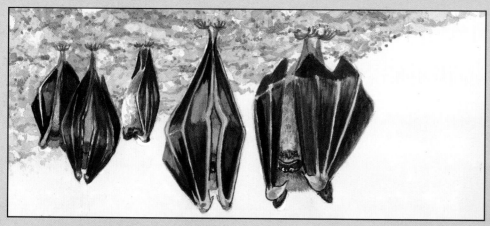

Les chauves-souris hibernent dans des endroits frais et secs, comme une grotte ou une vieille galerie de mine. Elles se rassemblent en vastes groupes afin de se réchauffer au contact les unes des autres.

Molosses du Mexique

Les parties du corps

Les chauves-souris, comme la petite chauve-souris brune, ont un corps petit et léger, conçu pour voler.

Les oreilles

Leurs grandes oreilles ornées de nombreux replis leur permettent de capter toute une gamme de sons.

Le nez

Leur odorat bien développé les aide à repérer leur nourriture ou à retrouver leurs petits.

Les dents

Grâce à leurs dents pointues, elles peuvent attraper des insectes ou mordre dans un fruit.

Les muscles

Les chauves-souris volent grâce aux puissants muscles de leurs épaules, de leur poitrine et de leur dos.

Les yeux

Même s'ils ont de très petits yeux, les microchiroptères s'en servent pour s'orienter ou chasser.

Les mégachiroptères ont de grands yeux qui leur permettent de trouver leur nourriture.

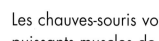

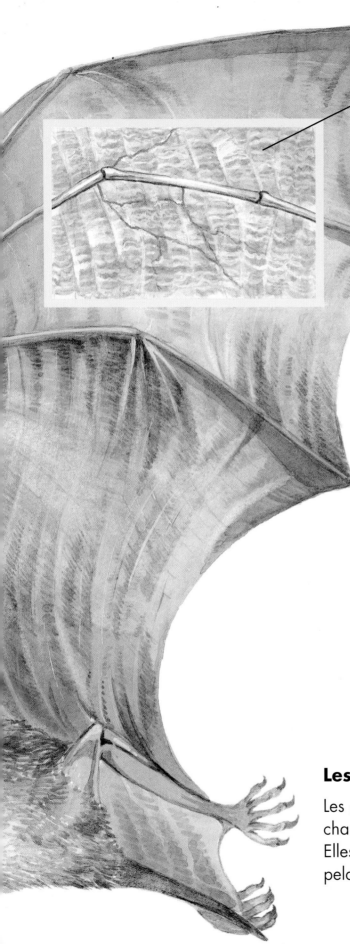

Les ailes

Les ailes des chauves-souris sont faites d'une fine membrane tendue entre les os des doigts. Elles ne sont pas recouvertes de fourrure.

Le squelette

Les os des chauves-souris sont très légers afin de faciliter le vol. Les doigts sont longs et effilés. Les pouces sont pourvus d'une griffe recourbée dont elles se servent pour s'accrocher à un mur, par exemple.

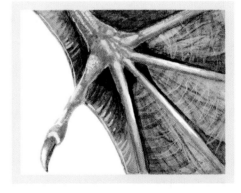

Les pattes postérieures

Les griffes acérées de leurs orteils aident les chauves-souris à s'accrocher à leur perchoir. Elles s'en servent aussi pour nettoyer leur pelage ou pour attraper une proie.

La vue et l'ouïe

La chauve-souris se sert des sons pour trouver sa nourriture ou se diriger dans le noir. Elle émet de petits cris brefs, généralement si aigus que les humains ne peuvent pas les entendre.

Quand un tel son frappe un objet, il rebondit et revient à l'oreille de la chauve-souris. Celle-ci sait alors si elle a affaire à une proie ou à un obstacle, comme un arbre ou un mur. C'est ce qu'on appelle l'écholocation.

Malgré leurs yeux tout petits, les microchiroptères ont une vue excellente. Dans les endroits qui leur sont familiers, ils utilisent leur vision plutôt que l'écholocation.

Certaines espèces de chauves-souris émettent jusqu'à 500 cris à la seconde.

Oreillard de Townsend

Les mégachiroptères ont de très grands yeux et une très bonne vue. Une seule espèce de mégachiroptères utilise l'écholocation.

Roussette d'Égypte

La manière de se déplacer

Les chauves-souris volent au moyen de leurs ailes. En les soulevant, elles s'élèvent dans les airs. En les abaissant, elles avancent vers l'avant. Elles ne peuvent ni planer, ni monter en flèche à la manière des oiseaux.

Les chauves-souris peuvent plonger ou tournoyer dans les airs. Elles se montrent même habiles acrobates lorsqu'elles pourchassent un insecte. Elles peuvent aussi se faufiler tout en volant au travers d'un fouillis de branches d'arbre.

Chauve-souris cendrée

Parfois, les chauves-souris rampent ou sautillent sur le sol en se servant de leurs ailes.

Le savais-tu?

Les chauves-souris peuvent survoler un plan d'eau pour s'y abreuver sans même se poser.

L'alimentation

Plusieurs espèces de mégachiroptères se nourrissent de fruits tendres, comme la banane ou la mangue. Ils en broient la chair entre leurs dents, puis en avalent le jus. Parfois, ils mangent aussi la pulpe.

La plupart des microchiroptères se nourrissent d'insectes volants nocturnes, comme les papillons de nuit, les maringouins et les mouches. Les plus grands peuvent s'attaquer à une libellule, une sauterelle, ou même une souris ou un lézard. Certaines espèces utilisent leurs ailes à la manière d'un gant de baseball pour les attraper.

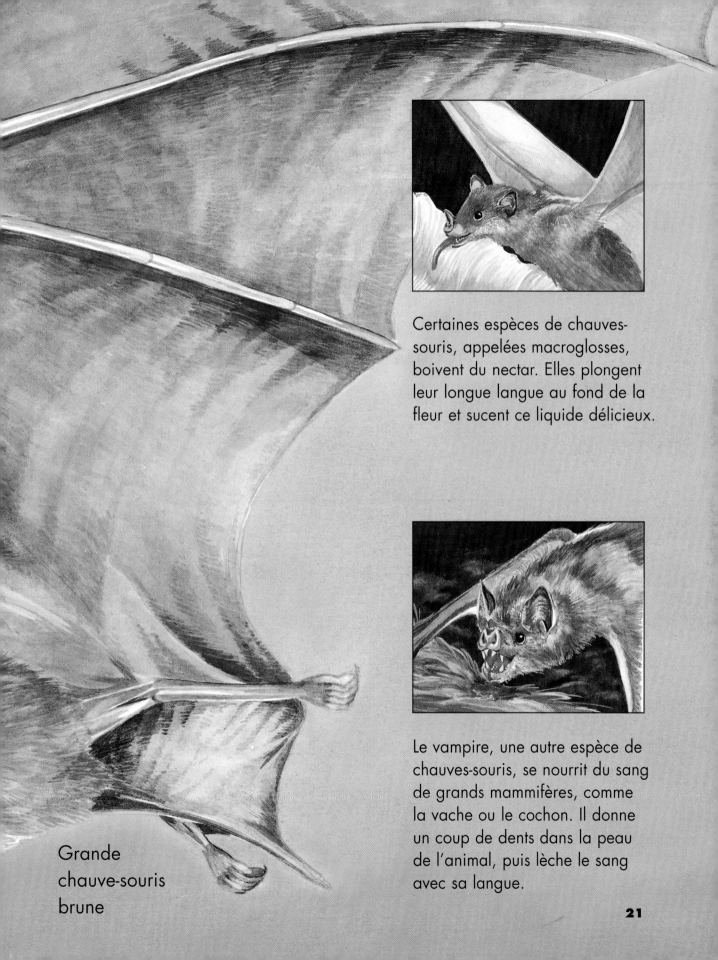

Certaines espèces de chauves-souris, appelées macroglosses, boivent du nectar. Elles plongent leur longue langue au fond de la fleur et sucent ce liquide délicieux.

Le vampire, une autre espèce de chauves-souris, se nourrit du sang de grands mammifères, comme la vache ou le cochon. Il donne un coup de dents dans la peau de l'animal, puis lèche le sang avec sa langue.

Grande chauve-souris brune

La naissance

La plupart des mères chauves-souris donnent naissance accrochées par les pieds, la tête en bas. Elles attrapent leur petit dans une membrane située près de leur queue.

Lorsqu'il naît, le petit est aveugle et dépourvu de poils. Il rampe aussitôt vers la poitrine de sa maman. Elle lui fait sa toilette et, au bout de quelques minutes, il se met à boire le lait maternel.

Les petits naissent à la belle saison, quand la nourriture abonde. En Amérique du Nord, la plupart des chauves-souris naissent au printemps.

Chauve-souris rousse

Les femelles de certaines espèces se regroupent pour donner naissance à leurs petits.

La croissance et l'apprentissage

À la naissance, le petit ne peut pas voler. La mère doit donc le transporter avec elle. Il s'accroche à la fourrure de sa maman grâce aux griffes qu'il a aux pouces et aux orteils.

Parfois, les mères laissent les petits tous ensemble au perchoir quand elles partent chasser. Au retour, chaque mère reconnaît son petit à son cri ou à son odeur.

Les petits grandissent vite. Au bout d'un mois, ils sont couverts de fourrure et ont les yeux ouverts. Ils sont même aussi gros que leur mère. Il leur reste à apprendre à voler.

Murins

D'abord, les petits s'accrochent à un perchoir et se mettent à battre des ailes afin d'en renforcer la musculature. Puis ils font leurs premiers vols d'essai à l'intérieur du gîte. En peu de temps, ils savent voler parfaitement et sont prêts à se nourrir par eux-mêmes.

Les moyens de défense

Les ennemis des chauves-souris sont les oiseaux de proie, comme l'épervier, la chouette ou le faucon, les serpents et les petits mammifères, comme la fouine, le chat, le raton laveur, la mouffette ou le rat. Elles se font souvent attraper au moment où elles prennent leur envol.

Les chauves-souris se protègent donc en choisissant, pour percher, un endroit muni d'une ouverture étroite, où elles seules peuvent se frayer un chemin. La vie en vastes groupes est aussi un mode de protection, car un prédateur qui se présente est alors obligé d'en choisir une seule parmi toutes. Ainsi, chacune est moins en danger que si elle s'était trouvée seule avec le prédateur.

Face à un assaillant, la chauve-souris tente généralement de fuir en s'envolant. La plupart des chauves-souris sont si petites qu'elles ont peu de chance de sortir victorieuses d'un combat.

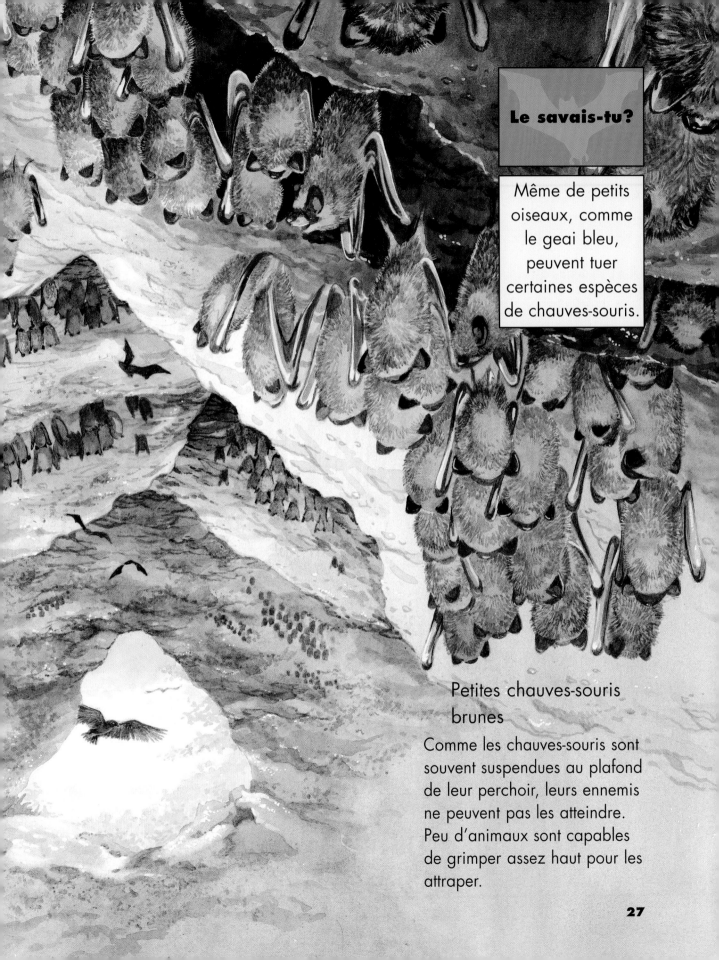

Le savais-tu?

Même de petits
oiseaux, comme
le geai bleu,
peuvent tuer
certaines espèces
de chauves-souris.

**Petites chauves-souris
brunes**

Comme les chauves-souris sont
souvent suspendues au plafond
de leur perchoir, leurs ennemis
ne peuvent pas les atteindre.
Peu d'animaux sont capables
de grimper assez haut pour les
attraper.

Les chauves-souris et les humains

Bien des gens ont peur des chauves-souris. Pourtant, elles sont très utiles aux humains.

Elles contribuent à limiter les populations d'insectes, car elles mangent plusieurs espèces nuisibles, comme les maringouins.

Les chauves-souris suceuses de nectar dispersent le pollen des fleurs qu'elles visitent. Ainsi, les plantes à fleurs et à fruits peuvent se reproduire.

Les chauves-souris mangeuses de fruits avalent les graines des plantes, puis les rejettent dans leurs excréments tout en volant. Les graines ainsi dispersées peuvent produire de nouveaux plants.

L'habitat des chauves-souris est parfois détruit par les humains, lorsque ceux-ci abattent des arbres ou démolissent de vieux bâtiments. Mais il y a aussi des gens qui tentent de protéger les chauves-souris en faisant connaître tous les bienfaits qu'on leur doit. Ils veillent aussi à protéger les perchoirs et le milieu naturel environnant.

Dans un jardin de ville, on peut accrocher des boîtes spécialement conçues pour que les chauves-souris viennent y percher.

Les chauves-souris dans le monde

Les microchiroptères vivent sur tous les continents, sauf l'Antarctique.
Les mégachiroptères vivent en Afrique, en Asie et en Australie.

Microchiroptères

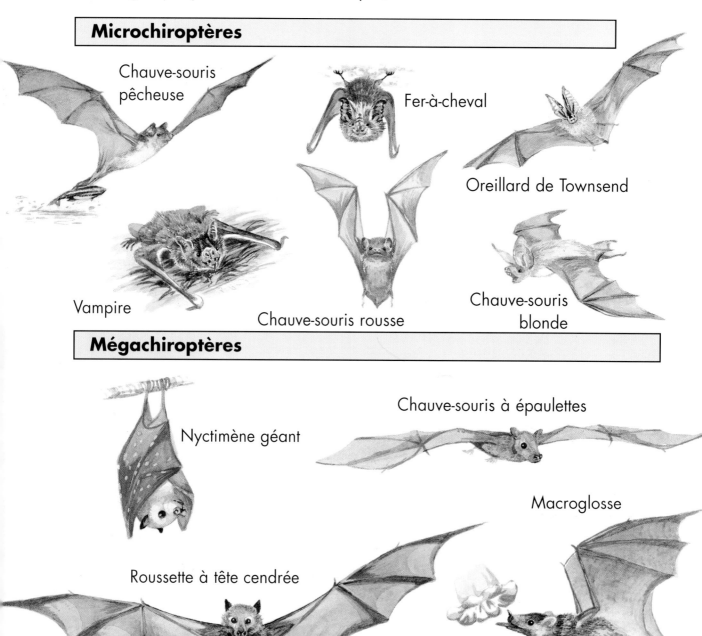

Chauve-souris pêcheuse

Fer-à-cheval

Oreillard de Townsend

Vampire

Chauve-souris rousse

Chauve-souris blonde

Mégachiroptères

Nyctimène géant

Chauve-souris à épaulettes

Macroglosse

Roussette à tête cendrée

Les mots nouveaux

colonie : un vaste groupe de chauves-souris vivant ensemble.

écholocation : l'utilisation du son pour localiser la nourriture ou d'autres objets.

hibernation : un long sommeil profond qui dure tout l'hiver. Ainsi, l'animal ménage son énergie et peut survivre aux durs hivers des climats froids.

mammifère : un animal à sang chaud et à fourrure donnant naissance à des petits vivants et déjà formés, qui se nourrissent du lait maternel.

mégachiroptères : chauves-souris de grande taille, qui se nourrissent généralement de fruits ou d'autres végétaux.

microchiroptères : petites chauves-souris, qui se nourrissent généralement d'insectes.

migration : le déplacement des groupes d'animaux suivant les saisons.

nectar : le liquide sucré qu'on trouve au fond d'une fleur.

perchoir : le lieu de repos des chauves-souris.

Index